짝꿍

시인 전영모

도서출판 조은

시인의 말

시집을 내놓고 보면 항상 아쉬움이 남는다.

마음을 비우고 이번만 이번만하며 다짐을 하고 작품을 써보지만 마음과 달리 엉뚱한 길로 접어들곤 한다.

첫 시집 '제 그림자의 그늘' 두 번째 시집 '형수는 거짓말쟁이'를 시인 이지엽 교수의 지도를 받아 펴냈으며 세 번째 시집 '붕어에게 죄를 묻다'를 발행하였다.

평생에 좋은 시 한편 남긴다는 마음으로 정진할 것이라 다짐해 놓고도 무엇이 그리 급한 지 항상 쫓기는 마음으로 쓰다 보니 '시' 다운 것이 없다.

그래도 "구슬이 서 말이라도 꿰어야 보배"라는 명언이 있듯 기왕 습작과 詩作 메모를 다듬어 놓았으니 또 한 권을 엮어본다.

그간 한국대표 명시 선집, 한국 문인, 한국 현대시, 열린 시학, 다시 올 문학, 중구 문학, 중구 문예, 서울 시민대학 소식지에 다수의 작품을 발표했다.

두서없이 보고 느낀 그대로를 표현하였으며 특히

한국 농촌 노인들의 자식 기다림을 비롯하여 사라진 가구들에 대하여 그려보았다.

서투른 표현들을 다듬어 책을 엮도록 도와주신 유자효, 마경덕, 하린 선생님께 고마움을 올린다. 예리한 비평관과 필력으로 해설을 써주신 마경덕 선생님께 감사한다.

정성껏 엮어주신 도서출판 조은 김화인 선생님께도 감사드린다. 또한 창작 공부를 같이하며 합평과 더불어 도움과 격려를 아끼지 않은 문우들의 고마움을 잊지 않겠다.

나의 짧은 지식과 경험을 토대로 기술하다보니 미흡한 점이 있지만 독자 여러분들께서 혜량해 주시리라 믿는다. 창작자가 독자들에게 사물과 역사를 어떻게 전달할 것인가 하는 노력만이 시의 완성에 성공할 것이라 믿고 더욱 정진하겠다.

contents.......

제2부 4월의 편지 … 35

제3부 늦 꽃 … 55

제4부 깡 통 … 75

– 제1부 –

콩 밭

콩밭

건넌골 산소 아래 콩밭 한 뙈기
할아버지 아직 그 콩밭을 떠나지 못하고
아침저녁 뒷짐 지고 둘러보신다
손자들 오기만 해종일 기다리며
잘 여문 콩밭두렁에 앉아계신다

바람에 출렁이는 푸른 콩밭
생전에 콩꼬투리 콩알처럼 주머니에서 꺼내주신 이야기
올해도 주절주절 잘 여물었다

뙤약볕 밭 매는 비지땀에
적삼이 다 젖은 어머니
콩을 터는 도리깨질소리에
우리들은 시루에 담긴 콩나물처럼 잘 자랐다

당신 떠나신지 여러 해,
아직도 꼭 잡고 놓지 않는 우리 집 콩밭
아버지와 어머니도 함께 꼭 잡고 계신다

참꽃과 개꽃

남산 성곽길옆 흐드러지게 핀 철쭉

저 꽃을 꺾어
헌화가(獻花歌)를 불러볼까

신라 성덕왕 때
강릉 태사로 부임하던 순정공과 아내 수로부인이
발견한 절벽의 붉은 꽃
"누가 저 꽃을 꺾어다 주겠소?"
일행은 난감한 표정으로 뒤로 물러섰다

소를 몰고 가던 노인이
"나를 아니 부끄러워하시면 꽃을 꺾어 바치오리다"
절벽을 올라 헌화가와 함께 꽃을 바쳤다

꽃이라고 다 같지는 않다
먹을 수 없는 개꽃
먹을 수 있는 참꽃

이렇게 개꽃과 참꽃이 뒤섞여 세상이 된다

그렇다면 나는 무슨 꽃일까

놋쇠화로

불씨가 꺼지면 복이 달아난다던 그 시절
방마다 화로가 놓여있었다

아침저녁 아궁이 잉걸불을 품던 화로
안방 화로는 인두를 품고
부젓가락은 불씨를 뒤적거렸다

헛기침과 장죽이 살던 사랑방
사랑방 화로는 할아버지 차지였다
장죽에 불을 붙여주던 화롯불
불씨가 꺼지면 불호령이 떨어졌다
장죽이 탕탕 화로를 두드리면
안절부절 고달팠던 맏며느리

매운 시집살이도 잿불에 묻어두고
겨울밤 언 손을 펼치며 둘러앉던 가족들
옛이야기도 모두 화롯가에서 살았다
노릇하게 익어가던 밤, 고구마
그 다디단 맛이 지금도 혀끝에 남아있다

불호령과 장죽, 재떨이는 어디로 갔을까
벼룩시장
불기가 사라진 놋쇠화로가 주인을 찾고 있다

요강

고개 넘어 굽이굽이 먼 길
시집가는 새색시 가마에
요강 하나 놓여 있었지

뒤뜰 대나무숲 옆이나 마당 끝 으슥한 뒷간
달도 뜨지 않는 그믐밤
뒷간에서 큰일을 볼 때면 뒷골이 오싹했지
밭일에 지쳐 곤하게 잠든 어머니를 흔들어 깨워
뒷간 문앞에 세워 두었지

메주 쑤는 날
들락날락 가마솥에 삶은 메주콩 훔쳐 먹고
물을 한 바가지나 들이켰지
그런 날은 꿈속에서도
방안 윗목 요강에 쉬를 했지
아침에는 키를 뒤집어쓰고 소금을 얻으러 다녔지

떠돌이 목판 엿장수 가위소리에
엿 바꿔 먹은 놋쇠요강 뚜껑
어디로 갔느냐는 어머니 물음에 묵묵부답
뚜껑 없는 요강
지린내가 방안에 흘러넘쳤지

좌변기에 앉아
그 시절을 생각하며 빙긋이 웃어보지
사라진 먼 이야기, 아직도
요강에 담아두고 바라보지

밥 한 끼

장충공원에 모인 노인들
젊음을 다 바친 얼굴에는 검버섯이 피었다
팔다리도 가눌 수 없어 비틀거리는
노약자의 나날
실직자의 나날

삼백여 명이 점심 한 끼 먹으려고 땡볕에 줄을 선다
밥이 오려면 아직 멀었는데
줄은 더 길어지고
냄새를 맡은 남산의 고양이와 비둘기 떼도
이곳으로 모여든다

식판에 수북한 밥
누군가 구구구 비둘기 떼를 불러 모아
밥 한 숟가락 던져준다
살기 위한 사투
한 알 더 먹으려고 여러 놈이 한 놈을 쪼아댄다

힘이 드는 공짜밥 먹기
그림자에겐 태양도 모르는 슬픔이 있다

위험한 봄

겨우내 추위를 견딘 나목들
연둣빛 새 옷을 갈아입었다
마른 몸에 물기가 돈다

화창한 날, 불청객이 온다는 소식에
산과 들이 바짝 긴장한다

한식 성묘객과 소란한 등산객들
논밭 둑의 묵은 풀이 까맣게 타고 있다
때마침 바람이 불어
걷잡을 수 없는 저 나무갓불*

무서운 속도로 번지는 불과 바람의 속도
불은 바람을 업고 단숨에 숲을 향해 달린다

몇 십 년, 몇 백 년 버텨온 거장들
겨우내 준비했던 새 옷
단추도 채우지 못하고 안절부절
거침없이 달려오는 불 앞에 발만 동동 구른다

*나무의 가지나 잎이 무성한 부분만을 태우며 지나가는 산불

짝 꿍

수십 년 묵은 느티나무
속을 모두 내어주고 원통형 오목한 절구가 되더니
참나무 절굿공이 제 짝을 만났다

새집을 짓고 가장 먼저 집안에 들인 절구
불이 났을 때도 아버지가 가장 먼저 짊어지고 나갔다
연말에는 떡을 넣고 키로 덮어 절구를 재우고
정월에는 절굿공이로 가볍게 두들겨 절구를 깨웠다
떡을 치는 절구 소리에 농신農神은 우리 집에 찾아왔다

춘궁기엔
설익은 청보리도 받아먹던 절구
우리는 풋보리 갈죽으로 배고픈 봄을 넘겼다
어머니가 쑥을 찧는 날은
절구에 쑥물이 들고 집안 가득 향기가 넘쳤다
밀기울에 버무린 쑥 개떡 한 조각에 헐렁한 허리춤을
추켜올렸다

층층시하 찌든 살림
어머니와 큰형수는 천생연분,
절구와 절굿공이처럼 짝꿍으로 살아왔다

이제 손때 묻은 절구와 절굿공이는 헛간에서 잠자고
어머니와 큰형수는 먼 길 떠나셨다

봄바람의 이동행로

그녀가 바람타고 온다네

며칠 전
이어도 해양과학기지를 기웃대다 떠났다더니
마라도에 여장을 풀고 잠시 쉬었다가
꽃샘추위 오기 전
한라산을 넘고 제주해협을 숨 가쁘게 건너와
남녘에 도착한 며칠 전

삼월 마지막 일요일
남산에 올라보니
바람타고 올라온 봄 아가씨
산수유 가지에 따스한 입김을 불어 넣고 있었네

바람의 행보가 그려진 지도 한 장
가슴에 품고 있었네

짧은 봄

목련이 뚝뚝 눈물을 떨구고 있다
명이 다 되었다고
시한부 봄이 누렇게 찌들어간다

설레설레 부는 바람이 빈자리를 집요하게 파고든다
목련나무가 물끄러미 발등을 내려다보는
속수무책의 봄

아이와 같이 나온 젊은 부부
나무 아래 아이를 세운다
찰칵, 저물어가는 봄이 찍혀 나온다
나무의 불안한 눈빛도 찍혀 나온다

곡우에 내린 차가운 비바람
짧은 만남을 부추긴다

아쉬운 이별이 길거리에 널려있다

그을음 부엌

굴뚝으로 역풍이 불면
아궁이는 들이마신 불을 토해냈다
그을음에 시커멓게 그을린 옛집 부엌
그럴 때마다 매운 연기에 눈자위가 붉어진 어머니와
큰형수
치맛자락에는 눈물 자국이 남아 있었다

부뚜막 큰솥 하나 작은 솥 하나
작은 솥에는 밥과 국을 끓이고
큰솥에는 허드레 물 데워 쓰고, 맷돌에 콩을 갈아 두
부 만들고
큰 시루 얹어 시룻번을 두르고 떡을 쪄냈다
먼지 부연 가마솥뚜껑
돼지기름을 발라 번질번질 윤이 흘렀다

늦은 저녁 찌그러진 양은냄비에
부글부글 끓던 구수한 된장찌개
냄새를 따라가면 형수가 숨죽여 울고 있었다
밥물이 끓어 넘칠 때 밥솥도 울었다
부엌을 기웃거려도 형수의 슬픔 속으로는 들어가지
못했다

좁디좁은 재래식 부엌
큰형수가 마음 놓고 울 수 있던 공간
그을음에 거멓게 그을린 벽은 형수님 가슴팍 같았다

이제 그 부엌은 사라졌고
어머니와 큰형수도 먼 곳으로 떠나셨다

그리운 다리미

뚜껑 없는 손잡이가 긴 다리미
숯불을 먹어야 제 구실을 했다

다듬이를 거쳐 온
풀 먹인 광목, 삼베, 모시옷
숯불이 담긴 다리미가 마무리했다

어머니와 큰형수
홑청 끝을 팽팽하게 마주잡고
마주보며 물 한 모금 푸푸 뿌리며 다렸다

일손이 바쁜 큰 형수
까맣게 옷을 태웠다
그때마다 어머니의 불호령이 떨어졌다

평생 식구들의 주름만 펴던 어머니와 큰형수
얼굴주름은 펴지 못한 채 하늘로 가시고
그 다리미는 인두와 함께
엿장수가 들고 갔다

사기등잔

반딧불이 불빛에 책을 읽어
성공한 사람도 있다지만

그때 그 시절
긴 겨울밤 등잔을 켜놓고
사랑방에서는 가마니 짜는 소리 쿵쿵
윗방에서는 베틀소리 철거덕철거덕
가로 세로 한 올 한 올 엮어내고
어머니 허벅지는 모시가닥을 잇느라 다 해졌다
걷어 올린 무릎은 딱지가 누덕누덕
상처가 아물기도 전 다시 피가 흐르곤 했다

기름 값이 아까워 심지를 낮추고
침침한 불빛아래서 밤새 베를 짜던 어머니
나는 꾸벅꾸벅 졸다가 앞 머리카락을 태웠다

아침에 일어나
코를 풀고 가래침을 뱉으면
그을음이 묻어나왔다

인사동이나 풍물시장에서 만난 사기등잔
돌아오지 못할 수많은 밤이 들어있다

왕골 돗자리

값싼 중국산 자리에 밀려 지금은 보기 드문 자리틀

언제부터인가
무논에서 왕골을 지고 와 다듬던 노인은 볼 수 없다
왕골에서 풍겨나는 향긋한 냄새
닥나무, 모시, 칡넝쿨껍질을 손질하여 꼬아 만든 노끈도
왕골을 다듬던 노인과 함께 자취를 감췄다

농한기 사랑방 한편에 자리틀을 설치하고
자리틀 눈금에 맞춰 고드렛돌 달그락달그락 넘기며
한 땀 한 땀 짜던 왕골 돗자리

그 시절 집집마다 흔했던 물건
골동품상에게 헐값에 팔려나갔다

고드렛돌이 무엇이냐고 손자가 묻는다

가위 눌림

2012년 봄은 유난히도 지루했다
저녁마다 세 시간 밖에 잠을 못 잤다
피가 마르고
고꾸라질 것만 같았다

눈만 감으면 찾아오는 저승사자

나는 말했다

아직 준비 안 됐네
그대 따라가려면 봄을 몇이나 더 보내야할지
지나온 삶 정리하면
연락할 테니 서두르지 말게

동창회

일 년에 한 번 열리는 꽃들의 동창회
남쪽에서부터 점차 북상하며 열린다

눈 속에서의 용설화
오동도 동백, 섬진강 매화, 구례 산수유
북향화, 개나리, 복사꽃, 벚꽃, 참꽃, 개꽃
창포꽃 동창회

여름의 화신 붉은 장미
여인들의 마음을 사로잡아 동창회에 끌어 들인다
너만 곱더냐며
양귀비는 하루의 짧은 동창회를 갖기 위해
긴 고통을 이겨내고 붉고 고운 자태를 뽐낸다

동창회가 끝나면 연달아 열리는 다음 동창회
그러나 어떤 동창회는 다른 팀과 중복된다

때를 맞추어 축사하러 왔던 벌과 나비 선생이
장소를 찾다가 주변에서 헛기침만하고 돌아가고
축하객이 도착도하기 전 동창회는 끝이 났다

이렇게 동창회는 눈이 짓무르며 끝이 난다

마중물

마른 펌프에 붓는 한 바가지 물
펌프가 입을 적시는 소리에
땅 속 깊이 고였던 어둠이 출렁거리고

아버지는 나의 마중물
그 마중물의 힘으로
45세 어머니의 몸에서 늦둥이로 솟아났고
아내도 나를 만나
자식 셋을 퍼 올렸다

시를 끌어올리려고
날마다 책을 뒤적인다
사유는 고갈되고 원고지는 텅 비어있지만
다시 힘차게
생각을 끌어올리는 마중물

늦은 파종

봄 씨앗 파종시기
씨앗 보관함 서랍을 열어 보았다
상추, 시금치, 열무 등 여러 가지 씨앗들
옥상 화분에 심었다

한 보름정도 지난 후
보관함 서랍을 다시 열어 보았다
벌거벗은 아주까리 씨앗 하나
왜 나만 버려두느냐고 매서운 눈초리로 바라본다

조상들은
제때 밥 먹이라 했는데
그 곳에 홀로 남은 아주까리 씨앗 한 톨
발견이 늦어 한 보름쯤 늦게 심었다

늦었어도
노란 새싹 뾰족이 머리를 들고 무럭무럭 자라더니
뻗어 나온 곁가지 몇 개
본체와 크기 경쟁을 벌인다

마디마디 맺는 잎이 탐스럽다
주일마다 한 주먹씩 따다가

살짝 데쳐 쌈장을 곁들여 밥 한 숟가락
금세 밥 한 그릇 뚝딱

한로가 지나도 멈출 줄 모르는 성장
소설이 되기 전 마지막 잎을 따고
열매는 거두었다
내년에 몇 알 더 심으려고

붉은 꽃

심지 않은 썩은 종자
몸에 기생하는 종자가 있는지 궁금하여
전문가를 찾았다

나흘 전부터 음식을 가려 먹고
검사 전날은 흰죽을 먹으란다
당일 새벽
장 세척제 4리터와 생수 2리터를 먹었다
부글대는 창자
5분마다 드나드는 화장실
힘이 쫙 빠진다

대기실에서 기다리는 초초한 시간
3번 내시경실 딱딱한 시트에 올라가 구부리고
아랫배를 당기며 옆으로 누웠다

장에 조영제를 넣고 내시경을 넣는다
옆으로 누운 채 모니터에 시선을 집중한다
붉은 홀 안에 녹두알만한 것이 네 개나 보인다

언제부터 기생하고 있었는지
붉은 꽃이 피었다

양성이냐고 물었더니
조직검사 해 봐야 한단다

며칠 후 위 내시경 검사도 했다
결과는 모두 정상

며칠 동안 간이역에 혼자 누워
지친 구름을 보는 듯 했는데
그만 슬며시 꽃이 지고 말았다

– 제2부 –

4월의 편지

우리 집 옥상

아침에 옥상에 올라
앞을 내려다보면 약수동 일대가 단숨에 달려온다
뒤편엔 남산이 배경처럼 우뚝 서 있다

흐드러지게 핀 벚꽃을 지나
푸른 숲의 매미소리
활활 타오르는 가을을 통과하면
눈 고깔모자 쓴 남산이 의젓하다

녹색바람 불어오면
매운 고추에 붉은 물이 들고
가을배추도 살이 오른다

도시의 공간
지친하루 해가 서산으로 넘어가면
그 자리에 누워 바라보는 밤하늘
풀벌레 울음 장단 맞춰
무수한 별빛이 옥상으로 내려온다

구름이 흘러가고 바람이 스쳐 지나가는 곳
나는 그곳에서 하루를 설계하고
막힌 숨을 토해 놓는다

영취산 진달래

이곳에 여수의 봄이 깃들어
봄의 치맛자락이 화려하다

약산 진달래는 영취산 진달래보다 더 붉었을까
활짝 핀 저 자태
어서 오라 손짓하고 눈웃음치니
꽃빛에 취한 관광객
발길을 돌리지 못한다

봄 처녀를 만나는 날
오늘 하루쯤 저 산 아래 여수 앞 바다 굽어보며
분홍빛으로 물들고 싶어

여수의 봄을 한 아름 안고 왔다

기상나팔

매일 아침 4시 30분
아침마다 울리는 기상나팔

까치와 참새는 나팔수
내 기상 시간에 맞춰 창밖이 소란하다
지난밤 잠을 설쳐 늦잠을 자려는데
내 잠속으로 자꾸만 나팔소리를 밀어넣는다

성화에 잠을 털고 창문 밖을 내다보니
까치와 참새 나팔소리 멈추고
어디론가 아침밥상을 찾아 날아간다

이놈들이 남산에서 떠나지 않는 한
내일도 모레도 기상나팔은 계속 울릴 것이다

비 그친 뒤

눈이 부시다
나뭇가지 끝에 매달린 물구슬
바람에 우수수 떨어질 것 같은 투명 구슬

흠뻑 젖은 목련, 저 허공의 갈피로
간밤에 봄이 다녀갔다
성곽 화단 개나리, 진달래, 벚나무
봄을 흠뻑 껴안고
산책 나온 손님맞이 부산한데

밤새 새싹 끝에 돋아난 물방울들
봄의 입술처럼 촉촉하다

햇살에 곧 사라질 것들이
티 없이 맑게 웃는다

4월의 편지

꽃눈은 붓을 닮아 목필
꽃봉오리 북녘을 향한 북향화
4월이 오기를 기다리며
하늘을 떠받들고 있다

찬바람이 가지 사이를 휘젓고 다닐 때
붓을 닮은 저 꽃눈으로
북쪽하늘 펼쳐놓고 편지를 썼다

봄이 오기 전 북쪽으로 보낸 편지
4월에야 답장이 왔다
받아든 봄 한 장 미처 읽기도 전
비바람과 황사로 계절이 한 장 넘어간다

오랜 기다림 끝에
지문을 남기고 떠나는 생애
봄의 편지가 바람에 뒹군다

둥근 방

남산 아카시나무 꼭대기 흔들리는 집
문도 계단도 지붕도 없이
지난겨울 눈보라도 이겨낸 그 집
없는 게 너무 많다

지난해 단칸방에서 식구가 늘었는데
올해도 그들만의 건축법으로
까치 부부 못 하나 박지 않고 집수리 한다

게으른 까마귀 부부
집은 짓지 않고 까치가 지은 집을 노린다
집주인과 침입자의 한판 결투가 소란하다

바람이 드나들고 비가 퍼부어도
그 속에 알을 낳고
따뜻한 날개로 군불 지핀 아랫목처럼 덥혀주더니

둥근 방, 짹짹거리는 소리 들린다

찔레꽃가뭄

산행 길 양평 연수마을 산모롱이 도랑가
숭어리 숭어리 뭉친 찔레꽃
은은하게 풍기는 향기는
당신의 향내

배고팠던 어린 시절 순을 꺾어 먹다
가시에 찔려 핏방울 뚝뚝 흘린 그 시절
문득 옛 생각에
순 하나 따 먹으니 옛 맛이 아니다
꽃향기 맡으며 친구와 함께 부르던 노래
오백여리 멀리서 아련히 들려오는 듯

찔레 가시에 하얗게 질린 봄비
한 계절을 멀리한 채
수만 리 길을 떠났으니
당신의 향기도 멀어져만 가고
이제 우리의 마음도 가물었다

찔레꽃가뭄 1

자박자박 봄비 오는 소리
사람도 땅도 나무도
고개를 치켜들고 더 달라한다

하늘만 바라보며 비를 기다리던 사람들
가슴에 쌓인 먼지가 씻겨 내린다
농사 준비에 바쁜 농부
삽을 들고 들로 나가는 것을 보니
이제 산불도 잦아들겠지
창밖으로 내민 손등이 젖는다

찔레꽃가뭄에 내리는 단비
땅도 나무도
한 동이의 물을 제 몸에 담는다
모두 봄비에 한 시름 더는데

오랫동안 메마른 내 마음
봄비가 와도 해갈이 되지 않는다

바 람

하루는 구름을 마라톤선수로 키우더니
이번엔 종목을 바꾸어 경보선수로 키우려한다
이것도 저것도 뜻대로 되지 않는지
눈물을 펑펑 쏟게 한다
그 눈물 굵기도 하다

우산이 하늘을 떠 받쳐보지만 역부족이다
한참 울게 하더니
못된 근성이 아직 남았는지
몇 십 년 묵은 나무들을 뿌리째 뽑아 넘긴다

그들이 떠난 자리
길들여지지 않는
길들일 수 없는
울부짖음과 폐허만 남았다

빈 집

뒤란 대숲이 외딴집을 지키고 있다
집 주인은 멀리 있고
잡초들이 문지방을 넘어 안뜰까지 차지했다
이름 모를 들꽃들도 집안으로 이주했다

버선발로 뛰어나와 맞아주던 옛집
어머니는 오래 전 먼 여행을 떠나셨고
안마당 펌프는 녹슬어간다
잉걸불을 품던 아궁이는 싸늘히 식었다

바람과 구름이 쉬어가고
소낙비도 한바탕 놀다가는 곳

빈집에는 또 다른 주인이 있다
두더지는 땅 주인이라 하고
마루에 앉은 고양이는 제 집이라 주장한다
지붕위에서 집안을 내려다보는 까치
어쩌다 낯선 사람들이 제 영역에 들어서면
깍깍 으름장을 놓는다

알고 보면
잡초, 풀벌레, 참새와 까치, 고양이와 두더지…
모두가 빈집의 주인이다

동행

허락도 받지 않고 무단 침입한 뇌경색
두 번의 바람
두개골 속에 두 개의 흔적을 남기고 떠났다
나는 평생 그 흔적과 함께 살아야한다

위암 수술을 받으며 고엽제 후유의증* 판정을 받았다
그제서야 내게 들어왔던 바람의 정체를 알았다
여섯 달 후 비장암, 또 두 달 후 급성 폐렴
모두 강한 바람이었다

공중에서 농약 뿌리듯
안개비처럼 살포하던 고엽제
월남전에 참전했던 전우들
후유증에 많은 이가 죽고
2세는 장애자와 병자로 살아가고
고엽제병에 걸린 전우들은 낙엽 마르듯 말라간다

나는 다행히
고엽제로 얻었던 큰 병마는 몰아냈다
의사는 두개골 속 흰 반점 두 개와
고엽제 후유증과 평생 동행해야 한단다

*고엽제로 인한 병으로 인정은 하면서도 상이로 판단할 수 없다는 질환

밝은 세상

두 개의 기둥과
두 개의 창문을 늘 가지고 다닌다
그 창문을 넘어가니
세상이 밝다

신기한 재주꾼
글자를 뻥튀기고
바늘구멍 같이 작은 것도 크게 늘인다
가고 싶은 곳이면 어디든지 데려가 준다
그 집에서 밝은 세상을 볼 수 있어
순간 십 년 전 젊음으로 돌아갔다

내 얼굴과 귀에 매달려 있던 두 개의 기둥
어느 날 한쪽 기둥이 부러지니
희뿌연 창문 두 개도 닫히고 말았다
어두운 책상 서랍에 갇히면서
내 몸도 함께 기울어졌다

어둠에서 그를 꺼내
사거리 현대안경점에 다녀왔다
기울어졌던 내 몸도 함께 곧추섰다

나의 선생님

칠십 넘은 나이에 신인 문학상을 받던 날
말씀도 드리지 않았는데
선생님께서 참석하셨다

평소 작품을 평할 땐 혹평과 채찍질
그러면서도 마음은 항상 따뜻하고
여린 감성을 가진 정 많은 유자효 선생님

그날
처가에 가는 길에 들렀다고 말씀하셨지만
제자를 사랑하는 마음이 두터웠기에
그 자리에 참석 하셨으리라
생각지도 않았던 참석은 물론
우렁우렁한 목소리로 축사까지 해 주셨다

아는 것보다 더 많이 주려하는
나의 선생님

결혼식장에서 만난 아기

예식장 한켠
유모차에 누워있는 두 달된 아기

왁자지껄
쏟아지는 박수소리에
잠을 보챈다

엄마는 신부가 되어 꽃보다 환한데
엄마 찾아 칭얼대는 아기

이 좋은 날,
축하와 폭죽소리도 아기에겐 소음이다

미리 받은 혼수로
시부모 얼굴이 환하다

4월 마지막 날

꽃샘추위 오락가락하는 봄날

남산을 오르는데
길섶의 풀 한 포기
여린 고개를 치켜들고
바깥 날씨를 살피고 있다

내려오는 길
따스한 아침 햇살을 쬐는 노란 새싹들
어느새
목이 한 마디나 길어졌다

돌아서는 사월의 뒤꿈치가 연둣빛이다

때늦은 편지

이제야 철이 드나봅니다
어머니 살아계실 때
나 철없는 아이였는데,

어버이날
카네이션 꽃 한 송이 받고 보니
어머니 왼쪽 가슴이 텅 비었다는 걸
이제 알았습니다

뒤늦게 깨달은
당신의 크나큰 사랑
가르쳐 주신 따뜻한 손길

늦게나마 감사합니다
사랑합니다

죽녹원에서

담양에는 대나무가 많다
죽녹원엘 갔다
정겹게 놓여 있는 돌계단을 하나, 둘 오르니
반갑게 맞아주는 하늘을 찌를 듯한 대나무들
살며시 쏟아지는 햇살과
청량한 바람이 대나무 숲을 간지럼 피운다

댓잎의 사각거리는 소리를 들으며 걷다보면
나는 어느 순간 숲속에 들어와 있다
그 속엔 사랑이 변치 않는 길, 운수 대통 길, 죽마고우 길
추억의 길, 철학자의 길 등 여덟 개의 길이 있다

우후죽순이라 하였는데
가뭄에도 통통하고 튼실한 죽순의 기상
대나무 잎에서 떨어지는 이슬을 먹고 자란다는 죽로차
푸르름 가득한 산책로

애향정, 죽향정은 연인들의 숨결이 깃든 쉼터
연인들의 속삭임을 하나도 빠뜨리지 않고 담아두고
시련을 겪는 사람들의 하소연도 모두 들어주는 넉넉함

솔솔 불어오는 댓바람을 맞으며
한옥 대청에 철퍼덕 누워 숨을 고르고
음이온을 한껏 마셨다

바다의 우유

태안에 사는 조카한테 걸려온 전화 한 통
자연산 굴을 조금 보냈다한다

이튿날 오전에 택배가 왔다
빠른 세상이다

3킬로그램이 넘었다
우선 한 대접 덜어
물 회 만들어 소주 안주로 훌훌 마셨다

남은 굴은 깨끗이 씻어 물기를 빼고
마늘, 생밤, 잔파, 양파, 깨소금 넣고 굵은 소금 약간
고춧가루 넣고 골고루 버무려 젓을 담갔다

새콤하게 익은 바다의 우유 젓
밥도둑 일세

– 제3부 –

늦 꽃

황금하늘

수백의 가지가
힘차게 솟구쳐 오르더니
황금하늘을 떠받들고 있다
그 밑에서 나도
하늘을 받들 듯 두 팔 뻗어 올려본다

그것도 잠시
하늘이 무거워 땅위에 내려놓으니
더 높은 푸른 하늘이 있었다

나는 조각난 하늘을 밟고 지나가다
그중 노랗게 물든 하늘 한 장을 주워
들고 간 책갈피에 끼웠다

앙상한 수백의 가지 사이, 두 팔 뻗어
푸른 하늘을 받쳐 든다

백담계곡

백담 계곡 굽이굽이 돌고 도는
맑고 푸른 저 물줄기
나무뿌리 돌 뿌리에 부딪쳐도
말 한마디 없이
가다가 지치면 웅덩이를 맴돌며 한숨 돌리고
강으로 바다로 내려만 간다
계곡에 흐르는 저 물
누구도 역류시킬 수 없으리

우리의 삶도 되돌릴 수 없는 것
백담 계곡 물 흐르듯 흘러간다
굽이굽이

개 복숭아

고향 텃밭 둑에 복숭아나무 한 그루
제멋대로 내버려두었다
접붙이기도, 가지치기도
거름도 주지 않고, 열매솎기도 하지 않아
나무는 항상 부실하였다

그래도
해마다 담홍색의 화려한 꽃이 피고 열매를 맺는다
열매가 크기도 전 상처가 생기고
끈끈한 즙이 흐른다
팔월이면 솜털을 벗지 않은 채
아기 엉덩이처럼 볼그스름하게 익는다

복숭아 한 소쿠리 따온 어머니
몇 가닥 짚을 구겨 쓱쓱 문질러
털과 끈끈한 즙을 닦아 먹으라고 건네주신다

속에 있는 벌레 눈 꼭 감고 먹으라 하신다
눈 감고 먹은 복숭아벌레
그것이 약이 된다 하였다

고추잠자리 비행법

지난해 그때가 되었나?
장마가 끝난 것을 어떻게 알고
이곳을 찾아왔지
복 더위 한낮 어디에서 쉬다가
오후 네 시 넘어 해거름이 되니
남산자락 빌라촌을 비행하고 있네

밤(栗)

음력 오월
질펀하게 꽃이 피면 냄새를 맡고
모여든 벌과 나비들, 꿀은 가져가고
대가로 씨를 남긴다

꽃냄새에 남자의 체취가 섞여
홀로 된 여인들은 그곳에 가면 바람난다는 속설도 있다
가시 돋친 제 어미 뱃속에서
딱딱한 겉껍질과 떫은 속껍질로 무장하고 영글어가는
알밤들

음력 팔월 경
꼭꼭 품고 있던 새끼들
더 이상 안고 있기 힘들어 밤나무는 품을 벌린다
누렇게 여문 밤
홀로 살 수 있다고
어미의 품에서 튀어나와 후두두 뛰어내린다

지난밤 낙과 소리에 잠을 설친 청솔모와 다람쥐
밤나무 그늘이 소란하다

늦꽃

남산에서 내려오는 산바람
호텔신라 담장과 서울 클럽 사이 고개를 뽑고
알록달록 꽃밭을 들여다본다

그늘 아래 하루를 부려놓고
스티로폼 조각을 깔고 앉은 노인들
자투리 천을 펼쳐 놓고
짝이 맞는 꽃을 찾고 있다

지루한 하루, 늙수그레한 신선들
도끼자루 썩는 줄도 모르고,

누구는 똥약이요 비약이요
누구는 초단이요
청단, 홍단이라

시들어가는 늦꽃들, 잠시 철마저 잊고
니 꽃이니. 내 꽃이니
말다툼 일쑤지만
꽃패에 눈을 맞추며 붉게 피어난다

한 판에 백 원, 쌈짓돈 털은 할배

몇 푼 딴 할매는 몇 푼 더 보태
구경꾼 몫 까지 하드 봉지 챙겨들고 골목을 오른다

느지막이 늦꽃 피는 소리 흥겹다

할머니의 십자수

지하철 경로석
은갈색 머리
팔순은 되어 보이는 할머니
커다란 뿔테 돋보기안경 쓰고
한 땀 한 땀 십자수를 놓고 있다

잘 보이시느냐고 물으니 안경테 너머로 힐끗
나, 아직 젊다고 한다
눈길을 주지 않고 손은 계속 움직인다

무엇이든 정신을 집중시키면
세월 가는 것도 잊을 수 있다고 한다

짧은 동행
짧은 대화
할머니에게 한 수 배웠다

보리수 이야기

강릉 만월산 볕바른 산자락
조촐하고 소박한 둥지 현덕사
도반 원석스님은
어렵게 구한 보리수 묘목을 경내에 심었다
그 묘목 한 겨울을 버티지 못하고 고사했다

다시 묘목을 구해 방에서 키워 봤으나 시들시들
인연이 없는 것 같아 뒤뜰에 버렸다

몇 달이 지난 후
아침 이슬을 머금고 잘 자라는 보리수를 발견했다

햇볕이 잘 들고 산들바람 부는 뒤뜰 한 켠이
제자리였던 것
풀 한 포기도 자신의 자리가 있었다

한 그루 보리수에
깨달음이 주렁주렁 매달렸다

늦가을 풍경

동향인 우리 집
이른 아침
눈부신 햇살이 거실 소파에 걸터앉는다

한 여름 짙푸르던 생
봄과 여름을 숨긴 채
창밖은 가을을 마감하고

오동나무, 굴참나무, 떡갈나무, 단풍나무, 느티나무
옷을 벗고 겨울 채비에 들어가고
바람은 그 사이를 넘나든다

벌거숭이 나무들 손과 손을 마주잡고 흐느적흐느적
그 사이로 드러나는 차가운 하늘

나무들은 돌아올 봄이 있어 주저 없이
옷을 벗어 던지지만
한번 가면 돌아오지 않는 인생의 봄
나는 아쉬운 늦가을을 껴입고 있다

고구마 생각

태안에 사는 조카가 보낸 택배
늦가을 물고구마 밭 한 뙈기 날아왔다

서리 내리기 전 수확한 알뿌리들
숭덩숭덩 썰어 넣은 고구마 밥
늦은 밤 시원한 동치미 한 조각과 곁들인 찐 고구마
그때는 고구마가 우리들의 끼니였다

화롯불이나 아궁이불에 구워 먹던 즐거움
사랑방 고구마 통가리에서 하나씩 야금야금 빼먹어
통가리가 쭈그러들면 혼쭐도 났다

시장에서 고구마를 만나면
옛 생각에 반갑다
고구마 한 상자에 흘러간 그리움이 담겨있다

자연 한 포기

충북 괴산군 칠성면 산막이 마을 입구
<자연 한 포기>
현수막이 걸려 있다

천혜의 자연을 먹으며 90일간 자란 고랭지 배추
노란 속살이 꽉 들어찬
아삭아삭한 괴산의 자연 한 포기

신안 도촌 농협 천일염으로 절이고
지하 암반수로 씻어
도시 사람들의 주문이 끊이지 않는다

우리 집은
땅 끝 마을 해풍을 먹고 자란
가을 한 뙈기를 들여놨다

꽃등 꺼지던 날

현준이네 감나무 한 그루
지난여름 태풍 볼라벤과 덴빈에도
상처 하나 입지 않고
다섯 개의 가지에 주절주절 꽃등이 매달렸다

소설小雪을 나흘 앞둔 감나무
잎을 떨어내고 한껏 촉수를 올린
가으내 창문으로 바라보던 그 꽃등

오늘 오전
하나의 가지에 걸려 있던 꽃등이 꺼졌다
남아 있는 꽃등이 창문으로 들어와 내 방이 환하다

오후에는
남은 꽃등을 모두 꺼버리고
휘어진 두 가지를 잘라버렸다

창문으로 보이는 앙상한 세 가지
갑자기 시야가 캄캄해졌다

가을엽서

늦가을에
어김없이 배달되는 엽서들
길은 온통 우체통이다

발신인 주소와 수신인 주소도 없는 계절이 쓴 편지
북풍이라는 집배원이 수신인 찾아 골목골목
바쁘게 뛰어 다닌다

가방에 넘치는 우편물 골목마다 떨어뜨린
"당신에게 지금 막 글이 없는 엽서 한 장 배달되었습니다"
울컥 눈물이 번질 것 같다

매년 가을 잘못 배달된 우편물 소동으로
골목은 시끌벅적
골목에 떨어뜨린 엽서와 잘못 배달된 엽서는
쓸어 모아 비닐봉지에 포장하여 반송한다

가을 여행

들녘엔 황금물결 일렁이는 계절
배낭을 둘러메고 여행을 떠났다

몇 년 전에 만났던 홍천 공작산 밑 큰골 김영감
아직도 그 곳을 지키고 있었다
고개 숙인 붉은 수수가 밭 한 뙈기를 차지하고
익어가는 콩 꼬투리도 입을 열고
누런 콩을 톡톡 쏟아낸다
까칠한 밤송이도 산달이 되었다

참새 떼는 잘 익은 수수가 저희들의 양식이라 주장하고
멧돼지는 콩밭 한 쪽을 모두 먹어치웠다
청솔모와 다람쥐는
새벽같이 달려와 주인보다 먼저 알밤을 거두어 간다

나는 밤새 쏟아 놓은 이야기들을
빈 배낭에 가득 담아 돌아왔다

나무늘보의 철학

서울 대공원 두발가락나무늘보가 살고 있다
서둘러 사진을 찍는다

코스타리카에서 입양한 늘보
발톱은 7센티미터
나뭇가지에 어울리는 편리한 손발 덕분에
거꾸로 매달려
공 모양으로 몸을 잔뜩 웅크린 채 잔다

일 년에 한 마리 새끼를 낳는 나무늘보
5개월쯤 되면
어미는 나뭇잎을 부드럽게 씹어 먹인다

배설은 일주일에 한 번
땅에 내려와 구멍을 파고 묻는 깔끔한 나무늘보

무어 그리 바쁘냐고
천천히 쉬어가란다

동강에서 만주벌을 만나다

영월 동강이 굽이쳐 흐르는
험준한 1006미터 상정 바위에 올랐다
발아래 펼쳐진 우리나라 전도
휘감아도는 푸른 물줄기는
한반도를 둘러싼 동해, 남해, 서해로 보인다

나는 어느새 만주벌에 와 있다
기골이 장대하고 의기에 찬 독립투사가
바람을 가르며 말 달리는 것을 보았다

분단의 슬픔
고구려의 옛 영토
아린 가슴 쓸어내리는
동강 만주벌

그늘

동네 어귀
삼백 살 자신 느티나무 노인이 살고 있다
나이테만큼 품을 늘린 정정한 나무
둥지를 품고 가족을 늘려간다
나뭇가지에 열린 새소리에 갈수록 그늘이 무성한데
그늘을 깔고 앉은 노인들은 등이 굽었다

사람의 몸에도 그늘은 자란다
얼마나 많은 근심을 다 부려놓아야
검버섯 피는 그늘이 가실까

육십 번 강산이 바뀌는 동안
하나 둘 떠난 빈자리,
느티나무를 한 바퀴 돌아 꽃상여가 떠나갔다

슬하에서 자란 어린 것들
부모의 그늘을 벗어나 타지로 멀리 날아갔다

느티나무 그늘에 지팡이를 내려놓고
오지 않는 소식을 기다리는 노인들
삼백 살 느티나무 어르신처럼
생각이 한 아름이다

– 제4부 –

깡 통

되새*

겨울바람과 함께 날아와
빈 논, 들판에 떼 지어 내려앉는다
소나무 씨나 들판에 떨어진
곡식의 낟알이 그들의 먹이다

흩어지면 죽는다는 법칙을 어떻게 배웠는지
참매의 공격을 받으면 뭉쳐서 하늘을 난다
그 웅장하고 화려한 군무에
매는 공격의 초점을 잃어 먹이를 놓친다

수천 마리의 비행에 하늘은 온통 검은 그림자로 덮인다
떼 지어 날아도 추락하지 않는 것은
리더의 명령을 따라
서로가 양보하고 협동하며
일사분란하게 움직이기 때문

그러다가 어느 봄날
빈 들판만 남겨두고 바람과 함께 사라진다

* 참새목 되새과의 소형 조류로 무리 생활하는 겨울 철새

게국지

충청남도 서산 토속음식 게국지
해안가 농촌 사람들
쇠스랑 능정이 게를 잡아 절구에 빻아
간장과 섞어 가을배추 잎이나 무청을 차곡차곡 눌러
담그고

겨울부터 이듬해 여름까지
몇 잎씩 꺼내 뚝배기에 보글보글 지져 먹던 게국지

손으로 쭉쭉 찢어 보리밥에 얹어
장아찌도 곁들여 먹으면
어느새 밥 한 사발 뚝딱

짜디짠 토속음식과 보리밥
굽은 허리 펴지고 다시 힘이 솟았다

뼈 - 물1

물에도 뼈가 있다
물 먹고 체하면 약도 없으니 천천히 씹으며
마시라고 했다

학교에서 땀 흘리며 돌아왔을 때
어머니가 떠 주시던 물 한 대접
산 정상에서 마시는 시원한 물 한 컵
하산 길 약수터에서 마시던 물 한 바가지에
지친 내 허리도 펴졌다

가뭄에 거북이등처럼 갈라진 논바닥도
한여름 소낙비에 휘어진 척추를 곧추 세웠다

두벌 논매기 마치고
새참으로 삶아온 퍽퍽한 감자를 먹다가
한 바가지의 물로 목이 탁 트였다

무척추 동물처럼 산모롱이를 휘휘 감으며
구불구불 달리고 뛰어내리던 물
길을 잃으면
한 마을을 두 마을로 갈라놓고
도심을 흙더미로 덮어버린다

뼈가 없는듯하면서도
억센 뼈를 가진 물
가끔 물이 사람을 다스린다

이무기 - 물2

산골짜기에서 나타난 꼬리 긴 이무기 한 마리
유연한 척추를 자랑하며
첩첩 빌딩 숲 서울 한복판을 휘돌아 헤엄친다
때로는 급한 걸음
때로는 느릿하게
돌에 부딪치고
낭떠러지는 뛰어 내리고

사방에서 모여들고
몸을 섞어 유유상종 집성촌을 이룬다

좁디좁은 골목을 수 없이 넘나들며
넓고 깊은 큰 세상을 찾아
몇 날을 헉헉대며 달려간 그곳

더 이상 갈 수 없는 종착지
짜디짠 소금물에 정신을 잃는다

햇볕에 눈을 부릅뜬 이무기
바람 타고 하늘로 오른다

길

어머니의 몸길 따라 시작된 길
멀고 험했다
이십대에 입 하나 덜기 위해 지원 입대
이십삼 년 군복을 입고 외길 걸었고
머나먼 월남전에도 참전했다

전역 후 서울 지하철공사에서 철길을 바라보며 살았다
50대 퇴직 후 길을 잃고 지내다가
60대 중반 위암 판정을 받았다
사느냐 죽느냐 두 갈래의 길 앞에서
암과 싸우며 죽음의 문턱까지 갔었지만
그 길은 동행자도 없었다
다시 돌아오는 길, 멀고도 험한 투병의 길이였다

수술 후 일 년 만에 컴퓨터를 배워 더 큰 세상을 만났고
또 6개월 후 산행을 시작하며 높은 길을 익혔다
칠순이 되어 선택한 길
시인이 되어 시의 길을 가고 있다
험준하고 고된 길
이제는 냇물처럼 출렁이며 가고 싶은 길을 간다

길 1

집을 나서는 것은 고행이다
그러나 길을 보면 떠나고 싶다
또 다른 길로도 가보고 싶다
병마와 싸우며 많은 길을 쏘다녔지만
그래도 못 가본 길이 더 많다

빠른 세상, 길부터 바뀐다
좁은 길은 넓히고
굽은 길은 곧게 펴고
높은 길은 터널을 뚫는다
길이 지나가면 마을의 풍경도 함께 바뀐다

진부령 골짜기 단일로
곧게 펴 2차선이 되었다
미시령 옛 고갯길은 터널을 뚫었다
정상에 오르니 광활하고 검푸른 동해가 눈앞에 펼쳐진다
그 길을 걸으며 달라진 풍경들을 보았다

자고 나면 새로운 세상이 듯
길도 바뀌고 계절도 오고 간다
그렇지만 한번 지나온 나의 길은
바뀌지 않고 여전히 그대로이다

가 위

무엇이든 싹둑싹둑 자르는 습성
오늘도 배고프다 시위를 한다

어릴 적 엿장수의 가위소리에 홀려
고무신을 들고 나가 엿과 바꾸었다
혼쭐이 난 맨발의 시간이 아직 찐득하게 붙어있다

한때 궁핍한 가위가 잘라 먹은 짧은 가방끈
가난을 벗어나야했다
도시로 나가 이발소, 미용실,
양재학원에서 가위 쓰는 기술을 배웠다
이발소, 미용실, 양장점을 차려
가족들을 먹여 살린 가위
그들은 이제 이름난 헤어디자이너, 의상디자이너
미용실 원장과 양재학원 원장이 되었다

가위는 오늘도
천을 잘라 먹고 손님의 머리카락을 잘라 먹는다

파리 한 마리

용문산 입구 한마당식당 파리 한 마리
무엇을 그리 잘못했는지
용서해 달라 미안하다 빌고 있다

목이 타는지 막걸리병 주둥이에 앉은 파리
사내의 술잔에 앉아 과작(過酌)을 한다

술에 취한 파리를 향해
그 사내는 눈을 부릅뜨고 욕설을 퍼붓는다
허우적대는 눈동자 안에
파리 목숨 같은 하루가 비틀비틀거린다

파리는 제 잘못을 알고 있다고
두 손 싹싹 빌고 있다

깡 통

마트에서 통조림 한 개를 들고 유효기간을 살폈다
아직 한 달이나 남았다
흔들어보니 소리가 나지 않는다
속이 꽉 찼다

집에 와서 뚜껑을 따보니
남쪽바다가 들어 있다
그 숱한 기간을
공기도 통하지 않는 좁은 공간에서 누구를 기다렸을까

비린내 나는 바다와 고등어
우거지를 깔은 냄비에 반 정도 비웠다
그리고 남은 것은 뚜껑을 꼭 닫고 흔들어보니
바닷물이 출렁이는 소리가 들린다
이 소리는 덜 채워진 깡통의 소리

다음날
바다와 고등어를 다 비우고 두드리니
요란한 소리를 낸다
속이 빈 것들이 더 시끄럽다

세일(SALE)전쟁

김장철 막바지
약수시장 마트들 8일간의 세일전쟁
전단지는 물론
마트 앞에는 풍선 허수아비가 춤을 추고
종업원들은 목청 높여 호객행위를 하고 있다

3,000원하던 대파 한 단
가락공판장 2,600원, 한샘마트 2,000원
하모니퀸즈마트 2,500원
한 망에 6,000원인 배추 3포기
한샘마트 4,500원, 가락공판장 5,000원
1,000원 브로콜리 한 개
하모니퀸즈마트 900원
가락공판장 500원, 한샘마트 500원

가격은 천차만별
값을 따라 이리 뛰고 저리 뛰는 억척 주부들
세일기간 3만 원 이상 구입하면 상품도 주고 배달가능
그런데, 종업원 부족으로 배달할 수 없단다
계산대에 물건을 수북이 쌓아 놓고
종업원과 구매자간 배달 시비로 매장은 전쟁 중

총선과 대선 때의 축소판이다

빨래

세탁기에 가득 찬 밀린 빨래
힘에 부친 세탁기가 덜컹거린다
버거운 무게를 덜어내니
빙빙 잘 돌아간다

두 손에 권력을 쥔 사람들
부와 명예가 넘쳐서 탈이다
부를 탐하는 그 버릇 여전해
질서는 갈지(之)자로 어지럽다

가득한 욕심을 덜어내면
세상은 잘 돌아가련만,

검은 양심
희게 빨아줄 세탁기는 없는가

壬辰年 선달 그믐밤

한 해의 끝날
강원도 산골 외딴집에서
다가오는 癸巳년을 설계해본다

밤늦게 온돌방에서 잠을 청해본다
바깥은 영하 15도 외풍이 잠을 흔든다
이불을 뒤집어쓰고 겨우 잠을 눕히는데
횃대에 오른 수탉은 날개를 퍼덕이며 홰를 치고
주인집 괘종시계소리 내 잠 위로 쏟아진다

아직도 어둠속을 헤매는 뱀띠 사내
불을 밝혀도
생각은 실타래처럼 뒤엉킨다

정월 초하루,
이제 나(巳)의 해다
눈을 떠보니 밤사이 달라진 것이 하나도 없다
계사년의 첫 아침 붉게 떠오르는 해와
여명을 물고 온 수탉과
괘종시계의 힘찬 종소리만 귀에 쟁쟁거리며
잠에 취한 나를 깨운다

모슬포 김씨 부부

잠들었던 바다가 깨어난다

제주도 남제주군 대정읍 하모리
바람이 사납고 살기 어려워 못살포라 부른단다

가파도에 붉은 혀를 널름거리며 동이 트기 시작할 때
모슬포에 사는 어부 김씨부부의 소형 고깃배
새벽 찬바람에 파도를 가르며 질주한다

마라도 근해에서 쌀이 되는
뼈가 센 옥돔과
5킬로그램의 크고 힘센 방어를 잡으려고
주낙을 놓기 시작한다

방어와 옥돔이 사는
바다는 魚田이다

스스로 씨를 뿌리고 홀로 농사를 지은 바다에서
그들은 물고기를 줍는다
만선을 안고 귀항하며
싱글벙글 흥겨운 콧노래도 부른다

내일도 만선이 되길 꿈꾸며
방어회와 웃음도 함께 먹는다

지팡이

남산 성곽 언덕길
지팡이를 짚고 오르는 곱사등이 할머니
지팡이가 먼저 앞서고
느린 걸음이 뒤따라 길을 감는다

넉자 지팡이에 의지하는 할머니
세 발로 걷는 저 불안한 걸음
숨 가쁘게 지나간 생의 그늘이다

나도 두 발로 길을 감는다
감고 또 감으니 가야할 길이 짧아진다

할머니와 나는
남은 길보다
걸어온 길이 더 길다

감긴 길들은 두 사람의 뒤로 길게 풀린다
누군가 그 길을 걸을 수 있도록

그해 겨울

영하 17도가 오르내리는 소한

남산자락에 위치한 서울(경제인)클럽 공원
감나무 몇 그루 살고 있다
지난가을 까치밥 몇 개를 남겨 두었다
까치와 새들이 오가며 쪼아 먹고
남은 한 개 대롱대롱 매달렸다

핏기 마른 잎 하나
얼어붙은 감 하나
바람이 불 때마다
감나무 붙잡고 마음 졸인다

그때 어쩌자고
차가운 바람이 불어온단 말인가
아슬아슬 낙하는 운명이다
만유인력 법칙이다

그때 나도 병마와 싸우는 중이었다

파 지

몸값이 금값이다

퇴계로4가, 충무로, 을지로4가, 인현동 뒷골목
낡고 허술한 건물에 제단공장과 인쇄공장이 즐비하다

파지 수거업자는
제단기와 인쇄기를 몇 백만 원에 구입하여 제공하거나
기계를 구입할 돈을 빌려준다
공장 앞에 있는 큰 포대는 그들이 놓아 둔 것
포대는 입을 크게 벌리고 파지를 기다린다
파지가 차면 종류에 따라 등급별로 분류되어
값을 받는다
그 돈은 기계대금으로 갚아간다

때 묻지 않은 흰 종이는 금
인쇄 잉크가 묻은 흰 종이는 은
신문지는 동
기타 광고지나 전단지, 보르 상자는 철
금과 은으로 분류된 것은 투자자들의 몫이다

소규모 인쇄공장이나 보르 제단 공장에서 나온 것들은
손수레를 끌고 파지를 모으는 사람들의 몫
어쩌다 그곳 사정을 잘 모르는 사람이

포대에 담긴 금과 은에 손댔다가는 혼쭐이 난다
이 골목 저 골목 기웃거려도 겨우 몇 천 원만 손에 쥔다

파지마저도 자본가들의 몫이다

반도세탁소

칠순을 넘긴 김씨
재봉틀과 다리미에 매달려 생계를 꾸려왔다
자르고 재봉하고 단추 다는 솜씨는 달인의 경지
옷을 다리는 종업원의 손놀림도 날렵하다
그러나 정작 본인은 꾀죄죄한 모습이다

몇 백만 원짜리 고급 옷부터
몇 천 원짜리 셔츠까지 다루는 세탁소
바지는 집게에 물려 거꾸로 매달리고
옷걸이는 남의 옷을 제 옷 인양 걸치고 있다

세탁소 천정은 늘 빼곡하다
찾아가지 않는 옷은 석 달 보관하다가
고아원이나 양로원에 기증한다

뒤늦게 나타나 옷을 찾는 사람
옷을 찾다 없으면 세탁소에 와서
맡긴 옷을 찾으러 왔다며 억지를 부리는 사람
그래서 세탁소 천정은 늘 만원이다

계절이 바뀌어도 찾아가지 않는 옷은
주인을 잃고 이곳에 묶여있다

장충동 고양이

호텔 신라와 서울 클럽 주변에 사는 고양이들

추석명절 끝자락 성곽 길
명절에 잘 얻어먹었는지
불룩한 배를 드러내놓고 헐떡이며
성곽길바닥에 다리를 쭉 뻗고 누워
한껏 별바라기 하고 있다

사람이 지나가도 눈만 말똥말똥
외국인도 낯설어하지 않고
애완견들이 지나가도 너 쯤이야 하는 태도
간덩이 부운 대담한 놈들

돈 많은 큰집에서
잘 먹어 배부르니 무서울 것 없다는 듯
거드름을 피우고 있다

마장동 475번지

워낭소리, 울음소리 멎은 골목
한때 내장 썩는 냄새와 피비린내가 흥건했다
지금은
골목을 지날 때마다 비릿한 냄새만 진동한다

워낭을 흔들며 노을을 등에 지고
느릿느릿 주인보다 앞서 걸었는데
오늘은 싸늘한 주검이 되어 이곳에 모여 있다

맑디맑던 눈동자는 사라졌고
부위별로 나뉜 살점과 뼈들
냉동 창고 갈고리에 걸려있다
어디론가 싣고 갈 소형 냉동차량들만 즐비하다

한 사내가
냉동차량 바닥에 고깃덩어리를 집어 던진다
문이 닫히고 죽은 소들이
마장동 475번지를 서서히 빠져나간다

시집 『짝꿍』 작품해설

과거로의 회귀回歸, 기억의 뿌리들

마경덕(시인)

시집 『짝꿍』 작품해설

과거로의 회귀回歸, 기억의 뿌리들

마경덕(시인)

인체에서 가장 강력한 뼈는 넓적다리뼈인데 이는 강철과 같은 정도의 압력을 견딜 수 있으며 콘크리트보다 4배나 강하다고 한다. 이것은 물리적인 힘을 가했을 때 뼈가 버틸 수 있는 강도를 예측한 것이다. 이렇듯 외력을 견디는 인체도 시간이 흐르면 휘어지고 삐걱거리고 탈이 난다. 그렇다면 기억의 힘, 즉 기억의 강도强度는 얼마쯤일까? 어릴 적의 추억을 평생 지니고 사는 사람들은 엊그제 일처럼 생생하게 기억을 재현한다. 시간이 지나면 선명한 기억도 흐려지고 지워지기도 하지만 그것은 일부분에 지나지 않는다. 대부분 잊지 못할 유년의 기억을 지니고 살아가기 때문이다. 육체의 힘을 능가하는 정신적인 힘은 단숨에 수십 년을 훌쩍 넘어 다시 재생된다. 이것은 측정할 수 없는 무한한 힘이 우리의 마음에 깃들어있기 때문이다.

영국의 시인이며 비평가인 코올리지는 '지적 능력이나 의지' 또는 기억과 구별되는 '인간의 정신능

력'이 상상력이라고 했다. 하지만 오랫동안 기억을 유지할 수 있는 것은 기억을 증폭하는 상상력이 작용하기 때문이라고 생각된다. 잠재의식 속의 환상(fantasy)이 가미된 추억은 자유분방하고 막연한 힘을 지닌다. 시인은 외계와 접하면서 상상의 지대를 넓혀간다.

그래서 추억은 아름답게 미화되고 그리워지는 것이 아닌가. 아리스토텔레스는 '모방은 인간의 본능이기 때문에 그 자체가 즐거운 것'이라고 보았지만 모름지기 시인은 사물을 재생시키거나 해체시킬 권리가 있고 새롭게 창조할 의무가 있다. 시인은 새로운 시적 창조를 위해 전이(轉移)를 꿈꾼다. 감각 체험을 통해 한 뿌리에서 갈라져 나온 여러 가지의 생각으로 상황을 체험하게 되는 것이다.

전영모 시인의 의식의 근저에는 가족사와 함께 손때가 묻은 생활 집기(什器)들이 산재해있고 이 시대를 함께 살아가는 장삼이사(張三李四) 같은 이웃이 있다. 절굿공이, 아궁이, 장죽, 요강, 펌프, 놋쇠화로, 사기등잔… 이 친숙한 집기들과 짝이 된 사람들은 시인의 가족들이다. 방아를 찧는 어머니, 아궁이에 불을 지피는 형수, 장죽을 두드리는 할아버지, 펌프에 마중물을 붓는 아버지가 살고 있다.

시인의 네 번째 시집 「짝꿍」은 기억의 나이테에 새겨진 그리움의 무늬이며 유년으로의 회귀는 순수함을 복원시키는 시간이다. 우리의 것을 소중히 여기는 정감이 담긴 기억들은 모티프가 되어 시적 발상을 유

발한다. 옛것을 관조하는 시인의 눈은 따뜻하고 정겹다. 차분한 시의 호흡은 돌이켜 추억하는 회억(回憶)의 영향이 크다고 볼 수 있을 것이다. 시집 「짝꿍」에서 전영모 시인이 지향하는 시적시선은 크게 두 가지로 볼 수 있다. 옛 것을 익히어 새것을 안다는 온고이지신(溫故而知新)의 정신과 이 시대의 단면을 조명하고 문제의식(問題意識)을 바탕으로 침체된 의식의 흐름을 환기시키려는 것이다. 부드러움과 날카로움, 양면성을 가진 시인의 눈은 매처럼 예리하고 날카롭다.

남산 성곽길옆 흐드러지게 핀 철쭉

저 꽃을 꺾어
헌화가(獻花歌)를 불러볼까

신라 성덕왕 때
강릉 태사로 부임하던 순정공과 아내 수로부인이
발견한 절벽의 붉은 꽃
“누가 저 꽃을 꺾어다 주겠소?”
일행은 난감한 표정으로 뒤로 물러섰다

소를 몰고 가던 노인이
“나를 아니 부끄러워하시면 꽃을 꺾어 바치오리다”
절벽을 올라 헌화가와 함께 꽃을 바쳤다

꽃이라고 다 같지는 않다
먹을 수 없는 개꽃
먹을 수 있는 참꽃

이렇게 개꽃과 참꽃이 뒤섞여 세상이 된다

그렇다면 나는 무슨 꽃일까

–「개꽃과 참꽃」 전문

거짓과 진실이 공존하는 세상, 긍정과 부정, 밝음과 어둠, 흑과 백이 뒤섞여 살아간다. 정반대인 성질은 서로 대립되거나 결합한다. 조합과 분리가 반복되는 사회는 흑으로 기울면 질서가 파괴되지만 백이 있어 중심을 잡고 살아갈 수 있다. 흑과 백, 선과 악, 득과 실의 양 극단으로만 구분되는 흑백논리(黑白論理)는 중립적인 것을 인정하지 않는다. 시적화자는 자신에게 묻는다. 나는 흑인가, 백인가? 흑과 백의 중간에서 어느 쪽에 무게중심을 둬야할지 망설이다가 결국 실리를 좇아가는 대부분의 사람들, 참꽃이라 불리는 진달래보다 개꽃이라 불리는 철쭉꽃이 크고 화려하지만 화전(花煎)을 부쳐 먹을 수 있는 것은 진달래라는 참꽃이다. 전영모 시인은 「개꽃과 참꽃」을 통해 보이는 것에만 현혹되어 진실을 외면하는 이 시대의 문제점을 지적하고 있다.

마트에서 통조림 한 개를 들고 유효기간을 살폈다
아직 한 달이나 남았다
흔들어보니 소리가 나지 않는다
속이 꽉 찼다

집에 와서 뚜껑을 따보니

남쪽바다가 들어 있다
그 숱한 기간을
공기도 통하지 않는 좁은 공간에서 누구를 기다렸을까

비린내 나는 바다와 고등어
우거지를 깔은 냄비에 반 정도 비웠다
그리고 남은 것은 뚜껑을 꼭 닫고 흔들어보니
바닷물이 출렁이는 소리가 들린다
이 소리는 덜 채워진 깡통의 소리

다음날
바다와 고등어를 다 비우고 두드리니
요란한 소리를 낸다
속이 빈 것들이 더 시끄럽다

—「깡통」 전문

누군가 값을 지불하고 통조림의 뚜껑을 따는 순간, 상품의 가치는 소모되고 깡통으로 전락한다. 내용물이 채워짐으로 자신의 가치가 인정되었지만 억압된 공간이 비워지고 외부의 소리가 그 안으로 뛰어들면 그만 깡통이 되고 마는 것이다. 무게를 놓치고 소리로 배를 채운 가벼운 깡통은 외부의 자극에 민감하게 반응한다. 목소리가 크면 이기는 것이라고 함부로 소리를 질러대는 사람들, 겉만 번지르르한 이 시대의 단절은 빈 깡통과 다를 바가 없다. 물질의 풍요가 행복의 척도가 되는 이 시대에 풍요에 가려진 정신적인 허기는 인간의 존재의식에 대한 의문을 이끌어낸다. 중용(中庸)의 중요함을 이르는 말로 '과유불급'이란 말도 있다. '정도를 지나침은 미치지 못함'과 같다는 뜻이니 넘침으로 제 소리를 잃어버린 경우도 있을 것이다. 자신의 과욕을 깨닫지 못하고 살아가니 이 역시 빈 깡통과 무엇이 다르단 말인가. 「파리 한 마리」라는 작품도 이와 유사한 지침(指針)을 담고 있다.

용문산 입구 한마당식당 파리 한 마리
무엇을 그리 잘못했는지
용서해 달라 미안하다 빌고 있다

목이 타는지 막걸리병 주둥이에 앉은 파리
사내의 술잔에 앉아 과작(過酌)을 한다

술에 취한 파리를 향해
한 사내가 눈을 부릅뜨고 욕설을 퍼붓는다
허우적대는 눈동자 안에
파리 목숨 같은 하루가 비틀비틀거린다

파리는 제 잘못을 알고 있다고
두 손 싹싹 빌고 있다

—「파리 한 마리」 전문

파리의 목숨을 움켜쥔 사내와 파리는 강자와 약자로 비유되었다. 한 장소에서 서로 마주보는 거리는 지척이다. 힘을 가진 자가 물리적인 힘을 가하면 약자인 파리는 죽을 수도 있다. 그야말로 파리 목숨이다. 약자인 파리는 제 잘못을 알고 있다고 두 손 싹싹 빌고 있다. 강한 자는 약한 자를 희생시켜서 번영하거나,

약한 자는 강한 자에게 멸망되는 '약육강식'의방식이 펼쳐지고 있다. 하지만 술에 취한 사내는 비틀거리는 자신의 목숨을 보지 못한다. 사람의 목숨도 파리와 다를 게 없다는 것을 미처 깨닫지 못한 것이다. 반면 약자인 파리는 사람이 가지지 못한 '날개'가 있어 그 위험한 장소를 벗어날 수도 있는 것이다. 「파리 한 마리」는 한치 앞도 내다볼 수 없는 삶을 차분한 어조로 보여주고 있다. 감각이 섬세한 시인의 시적감성은 일상적인 체험영역에서 '삶의 진실'을 발견해낸다.

물에도 뼈가 있다
물 먹고 체하면 약도 없으니 천천히 씹으며
마시라고 했다

학교에서 땀 흘리며 돌아왔을 때
어머니가 떠 주시던 물 한 대접
산 정상에서 마시는 시원한 물 한 컵
하산 길 약수터에서 마시던 물 한 바가지에
지친 내 허리도 펴졌다

가뭄에 거북이등처럼 갈라진 논바닥도
한여름 소낙비에 휘어진 척추를 곧추 세웠다

두벌 논매기 마치고
새참으로 삶아온 퍽퍽한 감자를 먹다가
한 바가지의 물로 목이 탁 트였다

무척추 동물처럼 산모롱이를 휘휘 감으며
구불구불 달리고 뛰어내리던 물
길을 잃으면

한 마을을 두 마을로 갈라놓고
도심을 흙더미로 덮어버린다

뼈가 없는데
억센 뼈를 가진 물
가끔 물이 사람을 다스린다

—「뼈 —물1」 전문

보이지 않는 내면을 예리하게 파헤치는 시인의 노력에 의해 시적대상은 새롭게 재탄생되고 투명한 물의 뼈가 드러났다. 시인은 사물의 본질을 꿰뚫어보고 그것에서 지혜를 얻는다. 물의 특성 중 하나는 흐름, 즉 유연성이다. 물의 이미지에 집중한 시인의 시적 능력은 수직적인 고정관념을 탈피한다. 깊이 있는 사고(思考)로 자연이라는 시적대상에 몰입, 생의 의미를 조명한다. 잔잔한 어조에 실린 한 대접의 물이 구불구불 흐르다가 거대한 힘으로 응집되고 유연한 물의 뼈가 억센 뼈로 바뀌며 마을을 덮친다. 사람을 다스릴 큰 힘이 그 부드러움 속에 숨어있었다. 시인은 현실에서 마주친 시적대상에서 '존재의 의미'와 '삶의 의미'를 도출(導出)해낸다. 새로운 시적구도를 시도하는 시인의 시적세계는 한층 넓어질 것이다.

서울 대공원 두발가락나무늘보가 살고 있다
서둘러 사진을 찍는다

코스타리카에서 입양한 늘보
발톱은 7센티미터
나뭇가지에 어울리는 편리한 손발 덕분에
거꾸로 매달려
공 모양으로 몸을 잔뜩 웅크린 채 잔다

일 년에 한 마리 새끼를 낳는 나무늘보
5개월쯤 되면
어미는 나뭇잎을 부드럽게 씹어 먹인다

배설은 일주일에 한 번
땅에 내려와 구멍을 파고 묻는 깔끔한 나무늘보

무어 그리 바쁘냐고
천천히 쉬어가란다

—「나무늘보의 철학」 전문

긴 팔과 갈고리 모양 발톱을 이용해 나뭇가지를 붙잡고 이동하는 나무늘보는 하루에 18시간 정도 나무 위에서 잠을 잔다. 나무 위에서는 활발하게 움직이지만 뒷발이 약해 땅으로 내려오면 둔하게 움직인다. 비슷한 크기의 다른 포유류에 비해 근육양이 절반 정도라고 하는 나무늘보, 속도를 숭배하고 과속에 길들여진 이 시대에 나무늘보가 우리에게 주는 교훈은 무엇일까. 공짜밥 한 끼를 먹기 위해 장충공원에 모인 노인들의 얼굴이 나무늘보의 둔중한 움직임과 오버랩 된다. 젊음을 다 소비하고 속도경쟁에서 속도를 놓쳐버린 나무늘보 같은 노인들, 무대에서 내려온 실직의 나날은 나무늘보가 나무를 내려와 지상에서 헤

매는 시간과 다를 바가 없다. 이제 천천히 걸음을 옮겨야하는 나이, 「나무늘보의 철학」은 앞만 보고 치달리는 이 시대를 향한 경고이기도 하다.

허락도 받지 않고 무단 침입한 뇌경색
두 번의 바람
두개골 속에 두 개의 흔적을 남기고 떠났다
나는 평생 그 흔적과 함께 살아야한다

위암 수술을 받으며 고엽제 후유의증* 판정을 받았다
그제서야 내게 들어왔던 바람의 정체를 알았다
여섯 달 후 비장암, 또 두 달 후 급성 폐렴
모두 강한 바람이었다

월남전에 참전했던 전우들
공중에서 농약 뿌리듯 고엽제를 살포했다
안개비처럼 내리던 고엽제
후유증에 많은 이가 죽고
2세는 장애자와 병자로 살아가고
고엽제병에 걸린 전우들은 낙엽 마르듯 말라간다

나는 다행히
고엽제로 얻었던 큰 병마는 몰아냈다
의사는 두개골 속 흰 반점 두 개와
고엽제 후유증을 평생 동행해야 한단다

* 고엽제로 인한 병으로 인정은 하면서도 상이로 판단할 수 없다는 질환

–「동행」 전문

시인이 평생 동행해야 하는 통증은 '고엽제 후유증'이다. 가난한 이 땅의 아들은 이십대에 입 하나 덜기 위해 지원 입대해서 이십삼 년 군복을 입고 외길을 걸어왔다. 목숨을 담보로 머나먼 월남전에도 참전했다. 암과 투병한 그 시절은 시인에게 '나무늘보와 같은 시간'이었다. 전역 후 서울 지하철공사에서 오직 철길을 바라보며 살다가 퇴직 후 60대 중반 위암 판정을 받았다. 사느냐 죽느냐 생사(生死)의 두 갈래길에서 암과 싸우며 죽음의 문턱까지 갔었지만 그 길은 동행자도 없었다. 시인은 멀고도 험한 투병의 길이였다고 토로한다. 칠순이 되어 선택한 길은 시인이었다. 험준하고 고된 길이지만 이제는 냇물처럼 출렁이며 가고 싶은 길을 간다는 시인은 '나무늘보의 철학'을 몸소 체험한 것이다. 이제는 시적 투혼이 삶의 치열함을 견디는 생의 원동력이 되고 있다.

또 한 가지 시인이 집중하는 것은 '과거로의 회귀'이다. 시인은 시적 울림을 찾기 위한

방법으로 옛 소재를 찾아 떠난다. 시집의 표제시인 '짝궁'은 기억 속에 새겨진 시간을 탐색하는 시간이다. 시적여운이 길게 남는 옛것은 시인의 내면에 고스란히 저장되어 있다. 오래도록 변하지 않는 의식 속에는 보고 싶은 얼굴과 흘러가버린 시간이 살고 있다. 시인은 「콩밭」 「마중물」 「놋쇠화로」 「사기등잔」 「짝궁」 「그을음 부엌」을 통해 부모와 자식의 끈끈한 정, 고부의 애틋한 정을 그려낸다. 사라져버린 옛것들을 불러내어 '그리움의 뒤편'을 잘 보여주고 있다.

수십 년 묵은 느티나무
속을 모두 내어주고 원통형 오목한 절구가 되더니
참나무 절굿공이 제 짝을 만났다

새집을 짓고 가장 먼저 집안에 들인 절구
불이 났을 때도 아버지가 가장 먼저 짊어지고 나갔다
연말에는 떡을 넣고 키로 덮어 절구를 재우고
정월에는 절굿공이로 가볍게 두들겨 절구를 깨웠다
떡을 치는 절구 소리에 농신農神은 우리 집에 찾아왔다

춘궁기엔
설익은 청보리도 받아먹던 절구
우리는 풋보리 갈죽으로 배고픈 봄을 넘겼다
어머니가 쑥을 찧는 날은
절구에 쑥물이 들고 집안 가득 향기가 넘쳤다
밀기울에 버무린 쑥 개떡 한 조각에 헐렁한 허리춤을
추켜올렸다

층층시하 찌든 살림
어머니와 큰형수는 천생연분,
절구와 절굿공이처럼 짝꿍으로 살아왔다

이제 손때 묻은 절구와 절굿공이는 헛간에서 잠자고
어머니와 큰형수는 먼 길 떠나셨다

–「짝꿍」 전문

절굿공이의 짝꿍은 절구통이다. 받아줄 대상과 기댈 대상이 있어 서로 짝을 이룬다. 한 아름 느티나무는 절구가 되어 또 다른 생을 살고 있다. 절구에는 보통 두 사람이 맞공이질을 할 수 있도록 두개의 절굿공이가 딸려 있다. 시어머니와 며느리가 절구질을 하는 모습은 다정한 짝꿍처럼 보였을 것이다. 내려치는 절굿공이를 피해 재빨리 절구의 내용물을 뒤적이려면 서로의 호흡이 맞아야한다. 고부의 갈등을 넘어 호흡을 맞추기까지는 얼마나 많은 시간이 필요했을까. 이제는 아프게 내려치던 사람도 상처를 껴안고 눈물을 흘리던 사람도 없다. 눈길과 마음을 맞추던 절구와 절굿공이는 주인을 잃고 헛간에서 먼지를 뒤집어쓰고 늙어간다. 오래전 천생연분이던 어머니와 큰형수는 먼 길을 떠나셨다.

굴뚝으로 역풍이 불면
아궁이는 들이마신 불을 토해냈다
그을음에 시커멓게 그을린 옛집 부엌
그럴 때마다 매운 연기에 눈자위가 붉어진 어머니와 큰형수
치맛자락에는 눈물자국이 남아 있었다

부뚜막 큰솥 하나 작은 솥 두 개
작은 솥에는 밥과 국을 끓이고
큰솥에는 허드레 물 데워 쓰고, 맷돌에 콩을 갈아 두부 만들고
큰 시루 얹어 시룻번을 두르고 떡을 쪄냈다
먼지 부연 가마솥뚜껑
돼지기름을 발라 번질번질 윤이 흘렀다

늦은 저녁 찌그러진 양은냄비에
부글부글 끓던 구수한 된장찌개
냄새를 따라가면 형수가 숨죽여 울고 있었다
밥물이 끓어 넘칠 때 가마솥도 울었다
부엌을 기웃거려도 형수의 슬픔 속으로는 들어가지 못했다

좁디좁은 재래식 부엌
큰형수가 마음 놓고 울 수 있던 공간
그을음에 거멓게 그을린 벽은 형수님 가슴팍 같았다

이제 그 부엌은 사라졌고
어머니와 큰형수도 먼 곳으로 떠나셨다

–「그을음 부엌」 전문

이제는 인사동이나 풍물시장, 답십리 고미술상가에서나 볼 수 있는 이끼 낀 가구들, 세월의 흐름으로 뒤안길로 밀려났다. 「그을음 부엌」에 나오는 '가마솥'은 굴뚝을 타고 역풍으로 들이친 바람에 까맣게 그을렸다. 어른들 눈치에 맘 놓고 울 수조차 없는 시인의 큰형수는 좁디좁은 재래식 부엌에서 매운 연기를 핑계로 눈물을 흘렸을 것이다. 시인은 그을음에 꺼멓게 그을린 벽을 애가 타버린 '형수님 가슴팍'으로 보았다. 층층시하 고된 시집살이에 말 못할 서러움이 여북했을까. 시인은 그리운 회귀를 위해 단절된 시간 속으로 다리를 놓고 의식이 살고 있는 저편으로 건너간다. 인간에게는 '기억 장치'가 있어 시간의 흐름에 소멸된 그것을 원형에 가깝게 복구할 수 있다. 이때 재생작용을 돕는 것은 시공을 뛰어넘는 상상과 구체적 경험을 바탕으로 한 직접체험이라고 볼 수 있을 것이다.

전영모 시인은 과거와 현재와 미래를 잇는 시간의 인식에 따라 존재의식을 드러내거나 과거로 출구를 돌려 그때의 현상이나 사물을 소재로 사용한다. 잠재된 의식 속에 빛이 바래가는 휘어진 등을 어루만지고 껴안는다. 어느 시인은 “시적언어의 미적가치는 단순히 언어의 표면적인 아름다움이 아니라 의미의 아름다움이며 시적사유의 아름다움”이라고 하였다. 의미의 아름다움을 갖추기 위해 시적대상의 본질을 사색을 통해 정확하게 감지하고 존재의 내면풍경을 포착해내는 ‘안목’이 필요다고 하였다. 시적인 구도가 시인의 손끝에서 감지되어 시적세계는 더욱 환해진다는 것, 그렇다면 전영모 시인은 자신의 시세계를 모색해 대상과의 조화로운 유대를 이루는 시인이라고 볼 수 있을 것이다. 과거로의 회귀에서 시적 의미를 얻어내는 전영모 시인, 아직도 한 뙈기 ‘콩밭’을 서성이는 질긴 ‘그리움의 뿌리’를 붙잡고 푸르게 일어서는 중이다.

짝꿍

인쇄일 | 2013년 8월 28일
발행일 | 2013년 8월 28일

지은이 | 고송 전영모
펴낸곳 | 도서출판 조은
발행인 | 김화인
편집인 | 김진순
디자인 | 김진순
주소 | 서울시 중구 인현동1가 19-2 대성빌딩 405호
전화 | (02)2273-2408
팩스 | (02)2272-1391
출판등록 | 1995년 7월 5일 등록번호 제2-1999호
ISBN | 978-89-94329-40-6 (03810)
정가 | 8,000원

국립중앙도서관 출판시도서목록(CIP)

짝꿍 / 지은이: 전영모. -- 서울 : 조은, 2013
p. ; cm

ISBN 978-89-94329-40-6 03810 : ₩8000

한국 현대시[韓國 現代詩]

811.7-KDC5
895.715-DDC21 CIP2013015469